LA DAME DU CIEL

LA DAME DU CIEL

ALDIVAN TORRES

Canary Of Joy

CONTENTS

1   1

CHAPTER 1

La Dame du Ciel
 Aldivan Teixeira Torres
La Dame du Ciel

Auteur : Aldivan Teixeira Torres
© 2018-Aldivan Teixeira Torres
Tous les droits sont réservés

Ce livre électronique, y compris toutes ses parties, est protégé par le droit d'auteur et ne peut être reproduit sans l'autorisation de l'auteur, revendu ou transféré.

Aldivan Teixeira Torres est un écrivain consolidé dans plusieurs genres. À ce jour, les titres ont été publiés en neuf langues. Dès son plus jeune âge, il a toujours été un amoureux de l'art de l'écriture ayant consolidé une carrière professionnelle dès le deuxième semestre 2013. Il espère avec ses écrits contribuer à la culture brésilienne, éveillant le plaisir de lire chez ceux qui n'en ont pas encore l'habitude. Sa mission est de gagner le cœur de chacun de ses lecteurs. Outre la littérature, ses principaux goûts sont la musique, les voyages, les amis, la famille et le plaisir de vivre. « Pour la littérature, l'égalité, la fraternité, la justice, la dignité et l'honneur de l'être humain toujours » est sa devise.

Notre dame est apparue
Notre-Dame d'Aparecida
Des miracles connus de Notre-Dame sont apparus

Notre-Dame de la Présentation
Notre-Dame de Lavang
Notre-Dame du Lichen
Notre-Dame de Lourdes
Première apparition
Deuxième apparition
Troisième apparition
Quatrième apparition
Cinquième apparition
Sixième apparition
Septième apparition
Huitième apparition
Neuvième apparition
Dixième apparition
Onzième apparition
Douzième apparition
Treizième apparition
Quatorzième apparition
Quinzième apparition
Dix-septième apparition
Dix-huitième apparition
Notre-Dame du Bon secours
Notre-Dame de l'Espoir
Notre-Dame de Pellevoisin
Maladie d'Estela
Première apparition
Deuxième apparition
Troisième apparition
Quatrième apparition
Cinquième apparition
Sixième apparition
Septième apparition
Huitième apparition
Neuvième apparition

Dixième apparition
Onzième apparition
Douzième apparition
Treizième apparition
Quatorzième apparition
Dernière apparition
Notre-Dame de Knock
Apparitions en Chine
Notre-Dame de Qing Yang
Notre-Dame de Sheshan
Notre dame est apparue
Barcelos-Portugal-1702

C'était en août 1702. Le jeune John élevait son troupeau sur le Monte de Castro de Balugães quand une tempête a éclaté. Cherchant un abri dans une grotte dans une patelle, il fut surpris par l'apparition d'une belle dame enveloppée de lumière.

« Pourquoi es-tu surpris, John ? Demanda la femme.

« Je suis terrifié parce que je n'ai jamais vu d'apparition », répondit l'ex-muet, guéri instantanément.

« Calme-toi, jeune homme. Je suis Notre-Dame. Je vous demande d'envoyer un message à votre père que je veux la construction d'une chapelle à cet endroit.

"Il va bien. Je vais vous donner le message maintenant - John s'est préparé.

"Merci beaucoup." Elle a remercié notre mère.

Le jeune homme a couru vers sa maison pleine de joie. Pour lui, ce fut un honneur d'avoir été choisi comme porte-parole de ce saint si cher à la communauté chrétienne. Il était donc prudent de réaliser son souhait le plus tôt possible.

En arrivant à la maison, il trouva son père posé sur le canapé du salon. Il en a profité pour entamer une conversation.

« Père, j'ai besoin de te parler. »

"Quoi ? N'étais-tu pas stupide ?

« J'ai été guéri. » Pouvez-vous m'entendre ?

« Oui, vous pouvez parler.

« J'ai une demande à faire : je veux que vous construisiez une chapelle en l'honneur de Notre-Dame d'Aparecida.

« D'où vous vient cette idée, mon garçon ?»

« C'est le saint qui a demandé.

"Saint ?" Pouvez-vous mieux expliquer cette histoire ?

« Elle est venue me voir quand j'étais avec mon troupeau au Monte De Castro de Balugães. C'était évident dans votre demande.

"Tu as bu ? Où avez-vous déjà vu des esprits ? Je sais déjà : vous avez bu, rêvé et pensé que tout était réel.

"Mais papa !

« Je ne crois pas cela. La conversation est terminée !

Le jeune homme fut attristé pour le reste de la journée. Le lendemain, elle est retournée à l'élevage au même endroit qu'avant. C'est alors que l'étrange Dame réapparut.

« Comment vas-tu, John ? Avez-vous suivi mes ordres ?

« Oui, ma mère. Cependant, cela ne servait à rien. Mon père n'a pas cru mes paroles.

« Comme il est insensible de sa part ! Rentrez chez vous et réitérez ma demande. Pour le convaincre, demandez-lui du pain.

« D'accord, madame. » Je ferai ce que vous demandez.

Le garçon se précipita à nouveau chez lui. En ce moment, la curiosité régnait sur ce qui allait se passer en rapport avec sa demande, car ils n'avaient généralement pas de pain disponible ce jour-là. Même ainsi, il obéirait à l'ordre du saint.

John avait toujours été un garçon calme et ordinaire, mais après les derniers événements, il était devenu inexplicablement mystérieux et éclairé. Ce changement a été crédité de la grande œuvre de Dieu dans sa vie.

Quand il est rentré à la maison, il a trouvé son père reposant au même endroit qu'avant. Puis il s'est approché de nouveau.

"Père, le saint m'est apparu de nouveau." Elle demande à nouveau la construction de sa chapelle.

« Cette histoire encore ?» Vous n'en avez pas encore assez ?

« Puisque vous ne l'avez pas crue, elle dit : Donnez-moi du pain.

"Pain ? Je n'en ai pas avec moi. Si vous voulez des miettes, j'en ai au four.

« Allez le chercher pour moi.

À contrecœur, vous vous êtes levé et êtes allé vérifier. Quand il a ouvert le four, quelle a été sa surprise quand il l'a vu plein de pain.

« Ainsi dit notre mère : tout comme j'ai converti des miettes en pain, je peux aussi convertir votre cœur dur.

« Mon Dieu et ma mère !» Comme je n'étais pas stupide de ne pas croire. Je promets d'exécuter la demande de notre mère de toute urgence.

« Bien, mon père. Écrivez à l'évêque. Il va nous aider.

"Bonne idée.

Ils ont communiqué les faits au diocèse qui, par enquête, les a prouvés. Le temple de la Vierge Mère a été construit où le même garçon a travaillé comme sacristain jusqu'à la fin de ses jours. Avec l'apparition à Barcelos, Notre-Dame est devenue la protectrice spéciale du peuple portugais.

Notre-Dame d'Aparecida
Aparecida-Brasil-1717

C'était la seconde quinzaine d'octobre 1717. Pedro Miguel de Almeida Portugal et Vasconcelos, comte d'Assumar et gouverneur de la capitainerie de São Paulo et des mines d'or étaient en visite à Guaratinguetá. Pour leur rendre hommage, des groupes de pêcheurs ont lancé leurs bateaux dans la rivière Paraíba pour pêcher.

Parmi eux, les pêcheurs Domingos Garcia, John Alves et Filipe Pedroso ont prié la Vierge Marie pour demander l'aide divine. Il y a eu plusieurs tentatives de pêche infructueuses jusqu'à ce que, près du port d'Itaguaçu, ils aient pêché l'image de la Vierge Marie. Lors de tentatives ultérieures, ils ont attrapé tellement de poissons que le navire pouvait à peine supporter leur poids.

L'image a été logée dans la résidence de Filipe Pedroso pendant quinze ans, d'où il a reçu la visite des fidèles pour la prière. Il y a eu de nombreux rapports de miracles, qui ont attiré de plus en plus de personnes de toutes les régions du pays. La solution était de transférer l'image dans un oratoire et plus tard une chapelle a été construite qui est devenue la basilique d'aujourd'hui, le quatrième temple marial le plus visité au monde.

Le 16 juillet 1930, Notre-Dame de la Conception d'Aparecida a été proclamée patronne du Brésil par le pape Pie XI. Le jour férié du 12 octobre a été officialisé par la loi n ° 6802 du 30 juin 1980. Notre-Dame d'Aparecida est la protectrice de tous les Brésiliens.

Des miracles connus de Notre-Dame sont apparus

Miracle des bougies-1733

C'était une nuit tranquille dans l'oratoire qui abritait l'image du saint. Sans raison apparente, les deux bougies qui éclairaient l'endroit s'éteignirent. Avant de pouvoir les rallumer, ils se sont enflammés d'eux-mêmes, provoquant une grande admiration parmi les personnes présentes.

Chute des chaînes-1850

Un esclave nommé Zacarias, passant près de l'église où se trouvait l'image du saint, a demandé au surveillant la permission d'entrer dans le temple et de prier Notre-Dame. Certes, il entre dans le sanctuaire et s'agenouille devant l'image, priant avec ferveur. Avant de terminer la prière, miraculeusement les chaînes qui le liaient se relâchent, le laissant complètement libre.

Le chevalier

Un chevalier, de passage à Aparecida, très sceptique envers Dieu, se moquait des pèlerins en voyant leur foi. Voulant prouver son hypothèse, il se promit de monter à cheval dans l'Église. Avant, cependant, d'atteindre son intention, la patte de son cheval a été prise dans la pierre de l'escalier de l'église, le renversant. Par la suite, il se repentit et devint un fidèle de la Vierge.

Les aveugles

La famille Vaz vivait à Jaboticabal, et ils étaient tous très dévoués à Notre-Dame d'Aparecida. Parmi les membres de la famille, la plus jeune fille était aveugle de naissance. Elle avait une grande foi en Notre-Dame et son plus grand rêve était de visiter la basilique du saint.

Grâce au travail du Saint-Esprit, la famille a réalisé le rêve de la jeune fille pendant la période des vacances. Soudain, lorsqu'elle atteignit les marches de l'Église, la jeune fille s'écria : « Mère, que c'est belle cette Église ! » À partir de ce jour, elle a commencé à voir normalement, augmentant le nombre de miracles attribués au saint patron du Brésil.

Le garçon dans la rivière

Le fils et son père sont allés à la rivière pour pêcher. C'était une activité de routine pour les deux, avec déjà une expérience dans ce domaine. Malgré cela, un accident s'est produit : en raison du fort courant, le garçon est tombé dans la rivière en étant traîné par le courant. Désespéré, le père a crié à l'aide de Notre-Dame d'Aparecida. Immédiatement, le courant a calmé ce qui a permis le salut du garçon à travers son père.

L'homme et le jaguar

Un agriculteur rentrait chez lui après une journée normale de labeur. À un moment donné, un jaguar est apparu qui l'a effrayé et l'a coincé. La solution était d'appeler à l'aide de Notre-Dame d'Aparecida. La stratégie a fonctionné parce que le jaguar s'est tout simplement enfui.

Notre-Dame de la Présentation

Natal-Brasil-1753

Le 21 novembre 1753, des pêcheurs ont trouvé une caisse en bois sur l'un des rochers près de la rive de la rivière Potengi. En ouvrant la boîte, ils ont trouvé une image de Notre-Dame de Rosario accompagnée du message suivant : Là où cette image n'apporte aucun malheur ne se produira.

Le prêtre de la ville a été informé de la découverte et comme ce jour était exactement la date à laquelle Marie a été présentée au temple de Jérusalem, l'image a été baptisée « Notre-Dame de la Présentation » et a proclamé la patronne de la ville. Cette journée est un jour fériée dans la ville, une journée de dévotion au saint protecteur de tout le Nord - Rio Grande do Sul.

Notre-Dame de Lavang

Vietnam-1798

À la fin du XVIIIe siècle, il y a eu un différend entre les différents concurrents pour le trône vietnamien. Parmi eux, Nguyen Anh, a demandé le soutien des catholiques et du monarque de France. Sachant cela, Canh Thin, son adversaire, a ordonné la destruction de toutes les entités catholiques qui le soutenaient.

La solution pour le petit groupe de chrétiens de ce pays était de se réfugier dans les montagnes entre les frontières. Cependant, ses adversaires ne se sont pas reposés pour les anéantir. De plus, ils souffraient de la faim, du froid, de la maladie et des attaques d'animaux sauvages. C'est dans cette situation extrême qu'un jour Notre-Dame est apparue à un groupe de personnes vêtue d'une longue robe blanche avec l'enfant Jésus dans ses bras et entouré d'anges. Elle les a ensuite contactés.

« Je suis Notre-Dame. » Mon cœur est avec vous dans cette situation difficile. Ne te décourage pas ! Prenez les feuilles de Lavang, faites-les bouillir et buvez du thé. De cette façon, ils seront guéris de leurs maladies. Je promets également d'écouter toutes les prières faites en ce lieu.

Cela dit, il a disparu comme de la fumée. En ce lieu, une simple chapelle a été érigée. C'était le point de rencontre des fidèles qui ont fui la persécution. Pendant près de cent ans de persécution religieuse, le saint est apparu sur ce site à plusieurs reprises pour leur donner des instructions et les encourager. Notre-Dame de Lavang est ainsi devenue la protectrice spéciale des chrétiens vietnamiens.

Notre-Dame du Lichen
1850-Pologne

C'était en 1813. A cette époque, il y avait une révolution prenant le contrôle de l'Europe provoquée par Napoléon et ses soldats. Comme dans toute guerre, il y avait d'énormes pertes humaines à considérer. Nous pouvons prendre comme exemple la bataille des nations dans laquelle environ quatre-vingt mille combattants ont été blessés.

Parmi tant de soldats, l'un d'eux nommé Tomasz Klossowski était consacré à Notre-Dame. Chaque nuit, il insistait sur la demande de ne pas mourir en pays étranger. Lors d'une de ces nuits ferventes, l'Immaculée lui apparut portant une robe dorée et un aigle blanc à la main.

« Je suis Notre-Dame. » J'ai entendu vos prières. Vous retournerez dans votre région. Lorsque cela se produit, cherchez une image comme moi et répandez ma dévotion.

« Merci beaucoup, ma mère. » Je suis content de la nouvelle. Je le ferai selon votre sainte volonté.

« Je suis heureux, bon serviteur. » Je vous laisse ma paix. Allez-y et laissez cette guerre se terminer bientôt.

"Ainsi soit-il !

La mère de nous tous s'est levée devant ses yeux et à bientôt disparu dans l'immensité des cieux. Miraculeusement, ce serviteur a été sauvé de tous les dangers des batailles et à la fin, il est retourné dans sa région d'origine. Au cours de vingt-trois ans, il a recherché ladite image et a fini par la trouver. Il l'a placé dans sa maison et plus tard dans une chapelle située dans une forêt voisine.

Cependant, malgré ses efforts, la dévotion de Mary n'est pas devenue populaire dans la région, laissant l'image abandonnée dans la forêt. Le 15 août 1850, la sainte se manifesta devant un pasteur qui passait par là.

« Je suis Notre-Dame. » Je suis triste de la désolation de cette image et préoccupée par le mal qui contamine le monde. Les gens pèchent continuellement, ne pensent pas à faire pénitence et à changer leur vie. Ce ne sera pas long et ils seront sévèrement punis par Dieu pour cela. Ils tomberont soudainement morts et il n'y aura personne pour les enterrer. Les personnes âgées mourront, les enfants mourront en étant nourris par leur mère. Les garçons et les filles seront punis, les petits orphelins pleureront leurs parents. Ensuite, il y aura une guerre longue et terrible.

« Ne pourriez-vous pas crier à Dieu pour au moins soulager ces malheurs ? » - a demandé Mikolaj Sikatka.

"Je fais ça tout le temps." La miséricorde de notre Père céleste est inépuisable et tout peut encore être changé. Quand il y a des saints dans le pays, cela peut être sauvé. Le pays a besoin de saintes mères. J'aime vos bonnes mères ; Je vous aiderai toujours dans tous vos besoins. Je les comprends : j'étais une mère, dans beaucoup de douleur.

"Vous avez raison. La Pologne a vraiment des mères extraordinaires. Comment pouvons-nous rembourser leur affection ?

« Les intentions les plus perfides des oppresseurs, vos mères les brisent. Ils donnent au pays des enfants nombreux et héroïques. Dans la période d'un incendie universel, ces enfants s'empareront de la patrie libre et à leur manière les sauveront.

"Je suis content. C'était le moins que nous puissions faire.

« Ce n'est qu'une pointe de l'iceberg. » Le mal ne repose pas. Un exemple de ceci est que Satan sèmera la discorde parmi les frères. Toutes les blessures ne seront pas encore guéries, et une génération ne grandira pas tant que la terre, l'air et les mers ne seront pas couverts de tant de sang que jusqu'à aujourd'hui on ne l'a pas vu. Cette terre sera imprégnée de larmes, de cendres et du sang des martyrs de la sainte cause. Au cœur du pays, les jeunes périront au prix du sacrifice. Des enfants innocents mourront par l'épée. Ces nouveaux et innombrables martyrs plaideront devant le trône de la justice de Dieu pour vous, lorsque la bataille finale pour l'âme de la nation aura lieu, lorsque vous serez jugés. Dans le feu des longues épreuves, la foi sera purifiée, l'espérance ne disparaîtra pas, l'amour ne cessera pas. Je marcherai parmi vous, je vous défendrai, je vous aiderai, à travers vous, j'aiderai le monde.

« Béni soit ma mère. » Pouvons-nous espérer une fin heureuse à cette histoire ?

« À la surprise de toutes les nations, de Pologne, l'espoir naîtra pour l'humanité tourmentée. Alors tous les cœurs bougeront de joie, comme il n'y a pas mille ans. Ce sera le plus grand signal donné à la nation, pour qu'elle reprenne ses esprits et se réconforte. Cela vous unira. Puis, dans ce pays tourmenté et humilié, descendront des grâces exceptionnelles comme il n'y a pas mille ans. Les jeunes cœurs bougeront. Les séminaires et couvents seront pleins. Les cœurs polonais élargiront la foi en l'est et en l'ouest, au nord et au sud. La paix de Dieu était établie.

"Gloire à Dieu !

« J'ai une demande spéciale à faire : je veux que les gens se rassemblent dans la prière en priant mon chapelet. De même, je veux que les prêtres célèbrent la messe avec plus d'engagement. Concernant l'image, je vous demande de la transférer dans un endroit plus adapté. À l'avenir, un monastère et un sanctuaire qui m'est dédié seront construits. Parce qu'ils sont tellement dévoués à ma cause, je les couvrirai de bénédictions et de gloires. Rien ne peut vous faire de mal.

« Je ferai ce que je peux, ma mère. » Vous pouvez être tranquille.

« Je sais, bon serviteur. Je laisse ma paix avec toi !

"Merci !

Les anges entouraient Notre-Dame en la portant par les bras. Puis ils ont volé en direction du cosmos. Le pasteur réfléchit quelques instants à la meilleure stratégie à adopter dans cette situation. Il a fini par décider de suivre exactement les mesures prises.

Le temps passait. Malgré tous les efforts du serviteur, personne ne lui prêta attention. Avec son arrestation, la situation a empiré. Le peuple n'a reconnu les messages de la mère de Dieu qu'après une épidémie de choléra. Sur ce, ils ont fait pénitence. Une commission a également été mise en place dont l'objectif principal était de vérifier la véracité de l'apparition. La conclusion de ce processus a été positive.

L'image a été transférée à plusieurs reprises jusqu'à ce qu'elle soit définitivement dans la septième plus grande église d'Europe, la gloire de sa région. Au fil du temps, la dévotion à la Vierge Mère de Dieu s'est accrue dans le pays, ce qui a fait le nom de Marie dans toute l'Europe. Notre-Dame du Lichen est la protectrice spéciale de tous les Polonais.

Notre-Dame de Lourdes

France-1858

Première apparition

11 février 1858 - Un jeudi

Bernadete, sa sœur Marie et une amie ont été envoyées sur le terrain pour ramasser des branches sèches. Habituellement, ils faisaient volontiers ce travail, ce qui leur donnait le sentiment d'être utiles. Se dirigeant vers cette tâche, ils ont accepté d'aller plus loin, plus précisément, jusqu'à la rencontre de l'eau du canal et du Gave.

Au moment précis de la traversée de l'eau, à côté d'une grotte, les deux compagnies de Bernardete ont commencé à traverser l'eau alors que la même se demandait si elle pouvait le faire aussi. Ceci s'explique par une recommandation médicale de ne pas prendre de rhume.

Après environ cinq minutes, il a finalement pris courage et a commencé à enlever ses chaussettes. C'est à ce moment précis qu'il entendit un bruit semblable au vent. En regardant de l'autre côté de la grotte, il remarqua les arbres debout, ce qui le calma un peu. Puis il a repris l'exercice d'enlever ses chaussettes.

Peu de temps après, lorsqu'il leva la tête en direction de la grotte, il vit une madame vêtue tout de blanc. Selon sa description, en plus de la robe, elle avait un voile blanc, une ceinture bleue, une rose à chaque pied et en tenait un troisième. Effrayée, la jeune fille essaya de prendre sa troisième et de faire le signe de croix, mais échoua au premier essai. Avec un peu plus de temps, c'est devenu plus paisible. Il a réussi à faire le signe de la croix et a commencé à prier le chapelet.

Tout au long de la prière, l'étrange dame est restée atteignable ses yeux énigmatiquement. À la fin de cette activité religieuse, l'apparition lui fit signe de s'approcher. La peur, cependant, l'a empêché. Consciente de la fragilité de la jeune fille, la belle dame s'éloigna et disparut dans l'immensité de la grotte.

Seule, la chère fille finit d'enlever ses chaussures. Il a traversé l'eau pour rencontrer ses compagnons. Ensuite, ils ont récolté les branches sèches et ont commencé à rentrer chez eux. Tracassée par tout ce qui s'était passé, elle a pris contact avec les autres.

« Avez-vous vu quelque chose ?

« Non, je ne l'ai pas fait. Avez-vous vu quelque chose, Marie ? L'ami a demandé.

« Je ne l'ai pas vu non plus. Qu'as-tu vu, sœur ? « Marie a demandé.

"Si vous ne l'avez pas vu, je ne l'ai pas vu non plus", a déclaré Bernardete.

L'étrange conversation rendit les autres filles totalement méfiantes. Alors, en chemin, ils n'arrêtaient pas de lui poser des questions. Ils ont tellement insisté que le médium n'avait d'autre choix que de le dire.

"Il va bien. J'ai vu une dame avec un chapelet à la main dans la grotte. Nous avons passé un moment à nous admirer et à prier le chapelet.

« Qui était-ce, sœur ? » Demanda Marie.

« Je n'ai pas eu le cœur de demander. » La peur était très grande - Bernadette se justifiait.

« J'aurais dû demander. Ce n'est qu'ainsi que nous ne serions pas dans le doute », observe Marie.

"Intéressant ! Quel dommage que nous n'ayons pas de visa ! « L'ami était désolé. »

« Gardez-vous cela secret ? » Demanda Bernardete.

"Ne t'en fais pas. Nos bouches sont comme une tombe », a déclaré l'ami.

"Exactement ! Personne ne devrait savoir », a déclaré Marie.

La conversation s'est terminée et les filles ont continué à suivre la route. Quand ils sont rentrés chez eux, ils n'ont pas tenu leur promesse en racontant à tout le monde l'histoire de l'apparition. C'était en bref, l'histoire de la première apparition.

Deuxième apparition

14 février 1858, un dimanche

De retour au même endroit en compagnie d'autres filles, Bernardete emporta avec lui une bouteille d'eau bénite. Bravement, ils sont entrés dans la grotte et ont commencé à prier. Au tout début de cette activité, l'étrange dame est de nouveau apparue dans la vision du voyant.

Instinctivement, le clairvoyant a commencé à jeter de l'eau bénite sur l'apparition en disant :

« Si vous venez de Dieu, restez. Sinon, partez.

La vision sourit et acquiesça sans rien dire, ce qui ajouta au drame de la situation. Après tout, qui était-elle et que cherchait-elle ? De l'eau bénite y a été versée jusqu'à la fin. Lorsque le chapelet est terminé, la femme a mystérieusement disparu. Sur ce, ce groupe de jeunes est retourné dans leurs foyers respectifs.

Troisième apparition

18 février 1858, un jeudi

De retour sur place avec des personnes appartenant à l'élite, la voyante emporta de l'encre et du papier avec elle, suivant les conseils de certains. Au début de la prière du chapelet, la femme réapparut. Le premier contact a ensuite été établi.

« Si vous avez quelque chose à dire, dites que je vais prendre des notes », a déclaré Bernadette.

"Il n'est pas nécessaire d'écrire ce que j'ai à dire." Cependant, voulez-vous avoir la grâce de me rendre visite ici pendant quinze jours ?

« Oui », dit le serviteur de Dieu.

« Je suis content de votre décision. » Continuez la prière avec une grande foi. Je vous bénirai toujours », a déclaré l'apparition.

« Amen », voulait la petite fille.

Ils ont continué dans la prière du chapelet et à la fin, la vision a de nouveau disparu. Le mystère est resté, puis ceux de la grotte sont rentrés chez eux.

Quatrième apparition

19 février 1858, un vendredi

Le médium et environ six amis sont entrés dans la grotte à la recherche de la femme mystérieuse. Au début de la prière du troisième, à partir du troisième oiseau Marie, la vue de l'étrange dame est évidente et dure une trentaine de minutes. Il lui faut assez de temps pour transmettre des directives secrètes de dévotion. Lorsque le chapelet est terminé, il disparaît mystérieusement. Comme convenu, le prophète et ses amis promettent de revenir le lendemain.

Cinquième apparition

20 février 1858

Bientôt, Bernadette et trente autres témoins sont arrivés à la grotte. Dès que les prières ont commencé, la dame du ciel s'est révélée être la servante. La leçon du jour était de lui enseigner une prière qui devait rester secrète. Après avoir terminé cette tâche, ils ont dit au revoir. Un autre jour avait été accompli.

Sixième apparition

21 février 1858

Bernadette est revenue dans la grotte avec un contingent de cent personnes. A sept heures du matin, la glorieuse madame se présenta :

"Bonjour ! Que la paix soit avec vous !

"Ainsi soit-il. Que voulez-vous aujourd'hui ?

« Je suis venu vous conseiller de rester sur votre chemin. » En particulier, priez pour les pécheurs.

"Je vais le faire. Mais parfois, les gens sont si impolis et insensibles.

"Il est vrai. Cependant, Dieu peut tout faire. Il demande votre coopération.

« Je suis reconnaissant pour cette invitation. » Je ne veux rien en retour.

"Vous ne voulez pas, mais Dieu vous le donnera." Je te promets le bonheur.

"Ici ? Dans cette mer de mal ?

« Je vous promets la sécurité et la paix sur terre. » Le bonheur sera atteint dans les cieux.

« Que cela me soit fait selon vos paroles. »

"Amen ! Paix et bien ! Je dois partir maintenant.

"Vas en paix !

S'évanouissant dans l'obscurité de la caverne, l'illuminé laissa les serviteurs prier. Certes, plus de bénédictions seraient envoyées par cet être de pure lumière.

En quittant la grotte avec la foule, le médium a commencé son retour à la maison. À ce stade de l'histoire, les apparitions étaient déjà connues de nombreuses personnes, ce qui a généré de plus en plus de rumeurs.

L'un de ceux qui avaient appris ce fait était le délégué de la ville, Dominique Jacomet. C'était un homme brutal qui ne croyait pas aux religions, luttant pour le bon ordre public. Les répercussions des apparitions ont été si fortes qu'il a été contraint d'enquêter sur l'affaire. Sur ce, le clairvoyant a été appelé à témoigner.

En tant que citoyenne remplissant ses devoirs, elle a répondu à sa convocation en sachant qu'elle n'avait rien à craindre. Dans l'après-midi du même jour, elle a rendu visite à l'officier au travail. Rassemblée dans une salle privée, elle a commencé à être interrogée.

"Mademoiselle, je vous ai appelé ici pour clarifier." Il est connu dans toute la communauté des apparitions probables. Que dites-vous à ce sujet ? Demanda le délégué.

« Je suis honoré d'avoir été choisi par les forces du ciel. » Cela ne me magnifie pas et ne m'ennoblit pas du tout. Je fais simplement partie d'un plan plus vaste », a répondu la personne interrogée.

"Quoi ? Essayez-vous de me convaincre que c'est vrai ? Bientôt pour moi ?

"Pas étonnant que je puisse y croire." Après tout, Dieu peut tout faire.

"La bêtise ! Je ne crois pas aux fées, aux gobelins, aux bœufs à face noire ou même aux esprits ! N'est-il pas suffisant pour moi de m'inquiéter des processus ? Dois-je aussi m'occuper des aliénés maintenant ?

« Ce n'est pas une aliénation. » Et seulement l'action de Dieu !

"Il arrive ! J'ai déjà tiré mes propres conclusions ! Désormais, je vous interdis de retourner dans la grotte.

« Mais qu'est-ce que je fais de mal ?»

« Je ne veux tout simplement pas que cela devienne quelque chose de plus grand. » Rentrez chez vous et obéissez.

« Je respecte votre autorité, mais je ne peux pas le promettre.

« Vous êtes prévenu. » Si vous insistez, vous devrez en supporter les conséquences. Ordre du jour fermé !

Bernadete a quitté la pièce et le poste de police. L'audience avec le député l'avait mis mal à l'aise. Cependant, il portait dans sa poitrine la certitude qu'aucun homme ne pouvait être plus grand que Dieu. J'y penserais à quelque chose. En arrivant à la maison et en parlant de l'entretien avec le député, le père l'a grondée en lui interdisant fortement l'accès à la grotte. La jeune femme fondit en larmes car elle savait que tout serait plus difficile raconte ses prétentions.

Septième apparition
22 février 1858

Le délégué était convaincu de sa décision. Dans le but d'exécuter ses ordres, il plaça des soldats en garnison dans la grotte. Bien que ce soit interdit, la courageuse fille a insisté sur la promesse faite à Dieu. Miraculeusement, les adversaires ignoraient sa présence et elle peut entrer dans ce lieu sacré. Comme d'habitude, il priait à voix basse. Cependant, rien ne s'est passé. Cette fois, la visite n'était pas arrivée. De retour en ville, il apprend la suspension de l'interdiction. C'était une victoire personnelle du Christ contre Satan.

Huitième apparition
24 février 1858

C'était un mercredi chaleureux et paisible. Près de la grotte, il y avait environ trois cents personnes. L'Antéchrist a crié contre la foule.

"Comment est-il possible qu'il y ait encore autant d'idiots au milieu du XIXe siècle ?"

En réponse, les fidèles mariaux ont chanté des chants en l'honneur de la Vierge. Bernadette est extatique pendant quelques instants. C'est généralement à ces moments que vous recevez des messages. Se tournant vers la foule, la vénérable femme crie :

« Pénitence, pénitence, pénitence ! » Priez Dieu pour la conversion des pécheurs !

En larmes, la foule a promis de se plier à la demande. Les forces obscures avaient perdu une autre bataille contre le pouvoir de Notre-Dame. La figure d'elle marchant sur un serpent représente l'espoir des humbles en Dieu. Béni soit notre mère !

Neuvième apparition
25 février 1858

Le voyant et trois cents autres personnes sont près de la grotte lorsque l'apparition apparaît.

« Bonjour, mon ami bien-aimé. » Votre tâche aujourd'hui est d'aller à la source et de vous laver. Vous mangerez l'herbe qui est là.

« Je vais faire ça maintenant », dit le cher serviteur.

Le clairvoyant fit comme la demande du saint. La vision a disparu et la jeune femme a été contrainte d'abandonner le travail de la journée. Apparaissant devant la foule qui attendait anxieusement, ils ont demandé :

« Savez-vous qui pense que vous êtes fou de faire ces choses ? »

« C'est pour les pécheurs », répond le vénérable dévot.

L'affaire close, ils retournèrent chacun dans leurs foyers respectifs.

Dixième apparition

27 février 1858

Environ huit cents personnes assistent à cet acte. Bernadette boit de l'eau bénite, des pénitences et fabrique des chaînes de prière. L'étrange dame observe tout cela en silence.

Onzième apparition

28 février 1858

Le public grandit chaque jour. Maintenant, il y a un millier de personnes qui regardent le voyant entrer en extase, prier, embrasser la terre et à genoux en signe de mortification. En raison de la répercussion de ces actes, elle est conduite devant le juge et ceux-ci sont menacés d'emprisonnement. Encore une fois, les forces des ténèbres essayaient d'entraver le chemin de ce disciple du Christ.

Douzième apparition

1 mars 1858

La renommée des apparitions grandissait de plus en plus. En conséquence, l'audience de cette journée a dépassé les cinq mille personnes. Le même rituel que les autres fois ont suivi, avec le pouvoir de la lumière accompagnant tout. Avec le départ de tous, Catarina Latapie, une amie du voyant, s'est rendue dans la grotte en croyant au pouvoir miraculeux de la fontaine qui s'y trouve. En mouillant le bras malade, le bras et la main sont mystérieusement guéris, ce qui entraîne un retour des mouvements. Il y avait des preuves que Dieu travaillait à cet endroit.

Treizième apparition

2 mars 1858

La foule augmente considérablement. Dès que la chaîne de prières commence, la madame apparaît.

« Bonjour, mon très cher ami. J'ai une demande aujourd'hui : vous allez dire aux prêtres de venir ici en procession et de construire une chapelle.

"Bonjour ! Je vais faire passer le message maintenant.

Passant au groupe de prêtres, elle entre en contact.

« La dame qui m'apparaît demande qu'ils organisent une procession vers cet endroit et qu'une chapelle soit construite.

« J'exige deux choses pour cela : je veux connaître le nom de cette Dame et voir un miracle. Je ne le croirai pas tant que le rosier n'aura pas fleuri - répondit Peyramale.

« Je transmettrai vos demandes, cher prêtre, acquiesça Bernadette.

Revenant à l'apparition, il demande, mais la vision reste silencieuse. Peu de temps après, il disparaît, attristant tout le public. Ce n'était pas encore cette fois.

Quatorzième apparition

3 mars 1858

Le matin, le voyant arrive à la grotte accompagnée d'environ trois mille personnes. Bien que toutes les étapes rituelles aient été suivies à la lettre, la vision ne semble pas laisser un peu de frustration chez les gens. Plus tard, la voyante reçoit un message de la femme lui demandant de retourner dans la grotte. Là, il se manifeste à nouveau. Suite à la demande du prêtre, la jeune femme pose la même question que toujours. En réponse, il reçoit un sourire. Lorsqu'elle quitte la grotte, elle revient en contact avec le prêtre qui réitère sa demande : « Si elle veut vraiment une chapelle, qu'elle dise son nom et fasse fleurir le rosier en plein hiver ».

La jeune femme bienheureuse rentre chez elle pleine d'espoir de voir ce miracle se réaliser. Après tout, il n'y a rien d'impossible à Dieu.

Quinzième apparition

4 mars 1858

La foule s'agrandit considérablement : il y a maintenant huit mille personnes à la recherche d'une réponse personnelle à ce spectacle éblouissant. Contrairement à toutes les attentes, la femme reste silencieuse face à toutes les questions. Le mystère entourant ce chiffre devenait de plus en plus grand. Depuis vingt jours, Bernadette ne retourne pas dans la grotte.

Seizième apparition

25 mars 1858

C'était une matinée calme et chaude lorsque la fille entra de nouveau dans la grotte. Comme d'habitude, il a commencé à dire le chapelet. En cela, l'illuminé est apparu.

"Je suis là encore. Ayez foi en Dieu et en moi. Je m'appelle l'Immaculée Conception.

« J'ai beaucoup de foi. » Je transmettrai votre message aux prêtres.

Courant joyeusement, le serviteur de Dieu raconta aux prêtres ce qui s'était passé. Ils sont impressionnés ; par conséquent, le titre « Immaculée Conception » avait été donné en honneur à Notre-Dame et considéré comme un dogme. Le mystère était donc résolu.

Dix-septième apparition

7 avril 1858

Devant la foule, Bernadette allume la bougie. Sa main a été engloutie dans les flammes pendant ce processus. À la fin de cet acte, il a été constaté qu'elle n'avait subi aucune brûlure, augmentant la liste des miracles de la Vierge Immaculée.

Dix-huitième apparition

L'accès à la grotte était interdit au malheur de tous les fidèles de Notre-Dame. Alternativement, Bernadette utilise un autre itinéraire pour s'approcher du site. Sa vision est celle de Notre-Dame du Mont Carmel faisant ses adieux. Ce cycle d'apparitions était ainsi terminé.

Conclusion

Quatre ans plus tard, les visions étaient dites authentiques. La voyante est entrée dans la congrégation des filles de la charité où elle est restée jusqu'à sa mort. Sa canonisation a eu lieu le 8 décembre 1933.

Notre-Dame du Bon secours

9 octobre 1859

Champion Wisconsin-USA

La nonne Adele et d'autres voisins sont allés chercher du blé chez Champion. À un moment donné, elle a été surprise par l'apparition d'une femme debout entre deux arbres. La dame portait des robes blanches, ses cheveux étaient auburn, ses yeux sombres et profonds étaient fermement fixés sur la jeune femme. Remplie de peur, notre sœur en Christ a continué à penser à ce qu'elle devrait faire jusqu'à ce que la vision disparaisse tout simplement. Elle est ensuite retournée au couvent.

Plus tard, passant par le même endroit, il revit l'image. En arrivant au couvent, toujours effrayée, elle révéla le secret à son confesseur personnel :

« Père, une femme m'est apparue deux fois. Que devrais-je faire ?

"Entrez en contact avec elle." Si vous venez du ciel, cela ne vous fera pas de mal.

"Il va bien !

Suivant ses conseils, la religieuse est retournée sur le site d'apparition. Comme prévu, il est apparu à la même dame. Plus calme, elle a interviewé la vision.

"Qu'est-ce ? Et qu'est-ce que tu veux de moi ?

« Je suis la Reine du Ciel, qui prie pour la conversion des pécheurs, et je souhaite que vous fassiez de même. Vous avez reçu la sainte communion ce matin et vous allez bien. Mais vous devez faire plus. Faites une confession générale et offrez la communion pour la conversion des pécheurs. S'ils ne se convertissent pas et ne font pas pénitence, mon Fils sera obligé de les punir. Heureux ceux qui croient sans voir. Que faites-vous ici dans l'oisiveté pendant que vos compagnons travaillent dans la vigne de mon Fils ? Rassemblez les enfants de ce pays sauvage et apprenez-leur ce qu'ils doivent savoir pour leur salut. Apprenez-leur le catéchisme, comment faire le signe de la croix et approcher les sacrements. C'est ce que je souhaite que vous fassiez. Allez et n'ayez pas peur. Je vais vous aider.

« Je suis honoré d'avoir accompli une mission aussi glorieuse. » Béni soit parmi toutes les femmes !

« Béni soit notre Dieu ! »

"Je ferai ce que vous demandez."

« Soyez en paix alors ! » Puissions-nous unir nos forces pour que davantage de pécheurs se convertissent ! Je ne veux perdre aucun de ces petits.

"Moi non plus ! Merci ma mère.

« De rien, ma fille.

Cela dit, la madame se leva à ses yeux, allant rejoindre les anges dans le ciel. C'était une autre des apparitions enregistrées visant à sa plus grande gloire. Bénie soit notre mère.

Notre-Dame de l'Espoir

Pontmain-France-1871

Vers six heures, le 17 janvier, Eugênio Barbeie- prit soin de son jeune frère. À ce moment, la voisine nommée Joana Details était arrivée. Elle est venue parler un peu et ses chers amis lui manquent. Avec l'interruption de ses fonctions, Eugênio a voulu sortir un moment et il l'a fait.

A ce moment, il fut surpris de voir une dame flotter à quelques mètres au-dessus d'une maison voisine. La belle femme brillait comme le soleil. Son vêtement était bleu orné d'étoiles brillantes, et sa paire de chaussures était bleue avec des boucles dorées. De plus, il portait un voile noir soigneusement recouvert d'une couronne d'or sur la tête.

Le garçon a admiré la silhouette pendant un moment. Peu de temps après, le voisin est également sorti et il a profité de la situation pour lui parler.

« Joan, tu ne vois rien là-haut dans le fumoir ? L'enfant a demandé, pointant de son index vers la vue.

« Je ne vois rien, mon fils », dit catégoriquement le voisin.

En cela, les parents du garçon partent également, mais ils ne peuvent rien voir. Le plus jeune voit la même image. Les autres ne croient pas à leurs versions et les forcent à entrer dans la maison pour le dîner. Plus tard, il obtient un permis pour repartir. Il y a eu de nouveau la vision et ils sont étonnés.

La nouvelle de l'apparition a traversé le village et bientôt au moins un bon nombre de personnes se sont jointes. Parmi eux, seuls deux étudiants du couvent peuvent décrire la vision. Le prêtre a exhorté les autres à prier et à chanter des chansons. Avec cela, des faits notables se sont produits. Trois heures se sont écoulées avant que la vision ne disparaisse complètement. Le message donné à cette occasion est le suivant : « Mais priez, mes enfants ; Dieu vous répondra bientôt ; mon fils est sur le point d'être déplacé.

Notre-Dame de Pellevoisin

Pellevoisin - France - 1876
Un peu sur le psychique
Estela Faguette est née le 12 septembre 1839. Fille douce et charmante, elle reçoit bientôt les instructions religieuses et éducatives nécessaires dans son enfance. À l'âge de onze ans, quelque chose de remarquable s'est passé dans sa vie : elle a été choisie par la communauté pour porter la bannière de Notre-Dame dans la procession commémorative du dogme de l'Immaculée Conception. Ce fut un moment exceptionnel qui lui a procuré de la joie et une relation plus étroite avec la mère de Dieu.

Trois ans plus tard, elle a été contrainte de déménager à Paris à la recherche de meilleures conditions de vie pour sa famille. A cette époque, il commença à fréquenter un couvent qui mûrit sa dévotion à Marie. Il aime tellement l'environnement qu'il finit par entamer le processus d'intégration religieuse. Pendant trois années consécutives, il a fait un excellent travail de prédication, en aidant également les plus nécessiteux. À la fin de cette période, elle est obligée de quitter sa vie religieuse et d'aller travailler avec une famille pour aider ses parents.

Pendant la saison chaude, leurs patrons déménagent dans la maison d'été située près de Pellevoisin. Estela et ses parents les accompagnent.

Maladie d'Estela

Estela est gravement malade. Plus proches de la fille, les proches de la femme de chambre lui fournissent le soutien émotionnel nécessaire à ce moment-là. Sa santé est si délicate que ses employeurs achètent un terrain dans le cimetière de la ville. Le 14 février, son médecin personnel lui donne l'ultimatum : il n'a plus que quelques heures à vivre. A cette occasion, la jeune fille s'est déjà résignée à sa fin. Au moins, elle se sent soutenue par ses parents.

Les maladies maudites qui lui font souffrir sont : la tuberculose pulmonaire, la péritonite aiguë et les tumeurs abdominales. Des mois plus tôt, émue par son dernier espoir d'être guérie, elle avait écrit une lettre adressée à la Vierge Marie envoyée exactement à la grotte dédiée à Notre-Dame de Lourdes. Voici le contenu de la lettre :

« Ô ma bonne Mère, me voilà à nouveau prostrée à vos pieds. Vous ne pouvez pas refuser de m'entendre. Vous n'avez pas oublié que je suis votre fille, que je vous aime. Accordez-moi donc, par votre divin Fils, la santé du corps, pour votre gloire.

« Regardez la douleur de mes parents, vous savez qu'ils n'ont que moi comme ressource. Est-ce que je ne pourrai pas terminer le travail que j'ai commencé ? Si vous ne pouvez pas, à cause de mes péchés, me guérir complètement, vous pouvez au moins me procurer un peu de force pour pouvoir gagner la vie de mes parents et celle de moi. Vous voyez, ma bonne Mère, ils sont sur le point de devoir mendier du pain, je ne peux pas y penser sans être profondément affligé.

« Souvenez-vous des souffrances que vous avez endurées, la nuit de la naissance du Sauveur, lorsque vous avez été forcé de faire du porte-à-porte pour demander l'asile ! Souvenez-vous aussi de ce que vous avez souffert lorsque Jésus a été placé sur la croix ! J'ai confiance en toi, ma bonne Mère, si tu veux, ton Fils peut me guérir. Il sait que je voulais vraiment faire partie du nombre de ses épouses et que c'était pour être agréable que je sacrifie mon existence pour ma famille qui a tant besoin de moi.

« Daignez écouter mes supplications, ma bonne Mère, et les transmettre à votre divin Fils. Qu'Il me rende ma santé si cela lui plaît, mais que sa volonté soit faite et non la mienne. Puissiez-vous au moins m'accorder une résignation totale à vos desseins et que cela serve mon salut et celui de mes parents. Tu as mon cœur, Sainte Vierge, garde-le toujours et qu'il soit le gage de mon amour et ma reconnaissance pour ta bonté maternelle. Je te promets, ma bonne Mère, si tu m'accordes les grâces que je te demande, d'accomplir tout ce qui dépend de moi pour ta gloire et ton divin Fils.

« Prenez ma chère nièce sous votre protection et mettez-la à l'abri des mauvais exemples. Fais, ô Sainte Vierge, t'imite dans ton obéissance et qu'un jour je serai avec toi, Jésus, dans l'éternité. "

En réponse à cette lettre, la séquence d'apparitions jugées authentiques par la communauté chrétienne a commencé.

Première apparition

14 février 1876

C'est la nuit du 14 février 1876. Le serviteur de Dieu est dans un moment très fragile. Vers minuit, quelques silhouettes apparaissent au bord de son lit. Suivez la description de la voyante elle-même : « Soudain, le diable est apparu sous mon lit. Comme j'avais peur. C'était horrible, je faisais des grimaces quand la Vierge est apparue de l'autre côté du lit ».

En cela, le dialogue entre eux a commencé :

"Que fais-tu ici ? Tu ne vois pas qu'Estela est vêtue de ma livrée (scapulaire) ? - Mary a demandé, se référant à Satan.

« Je suis venu parce que je veux te voir dans tes derniers instants. » Cela me donne beaucoup de plaisir », dit Satan d'un ton sarcastique.

"Monstre ! Pourquoi agis-tu comme ça ? Demanda la femme de chambre.

« Parce que je suis le diable, pourquoi les balles », répondit Satan.

« Calme-toi, ma fille. N'ayez pas peur de ce monstre », a demandé Mary.

« Je suis fermement convaincu que tout ira bien », a déclaré le patient.

"C'est bon ! « Mary était contente.

Les personnages disparaissent dans l'obscurité de la nuit sans autre explication. Ce fut la première expérience spirituelle de la femme mourante.

Deuxième apparition

14 février 1876

Cette même nuit, à l'aube, la Vierge réapparaît en se montrant avec un regard inquiet et attentif vers sa servante.

« Je suis ici, ma fille. Je veux te tenir dans mes bras face à ta fragilité », a annoncé l'Immaculée.

« Merci, ma mère. » Cependant, je suis toujours très perturbé par les péchés que j'ai commis dans le passé et qui à mes yeux étaient de légers défauts - a commenté le patient.

« Les quelques bonnes actions et quelques ferventes prières que vous m'avez adressées ont touché le cœur de ma mère, je suis pleine de miséricorde - A révélé notre mère.

« Ces paroles me rassurent », dit le vénérable chrétien.

"Heureusement ! J'ai trois nouvelles à vous donner : pendant cinq jours consécutifs, je vous verrai ; Samedi, vous mourrez ou serez guéri ; si mon fils vous donne sa vie, vous publierez ma gloire », dit Marie.

"Je suis touché." Je vous prie de me dire si je vais être guérie ou non », demanda avec ferveur le dévot de Mary.

"Je suis d'accord." J'ai reçu votre lettre et je dis qu'elle sera guérie » dit l'Illuminé.

« Gloire à Dieu et bénie êtes-vous parmi les femmes. » Je ne sais pas comment vous remercier pour une telle grâce.

« Faites toujours du bien, et nous sommes déjà récompensés. » Prenez cette période difficile comme un test.

« Je suivrai vos conseils », promit Estela.

"Je suis content. Maintenant, va dormir, ma fille.

Cela dit, la mère de Dieu a disparu au milieu de la nuit noire. Fatiguée, la mourante s'endormit un peu mieux. Le lendemain serait un autre moment pour tester et purifier votre âme.

Troisième apparition

15 février 1876

Estela pensa à tous les événements qui s'étaient produits dans sa brève vie. Son existence avait été un rassemblement de bonnes et de mauvaises choses avec une prédominance de bons faits. Puis il s'est dit : pourquoi ne pas mourir maintenant en état de grâce ?

Dès que la vierge est apparue au chevet du lit, elle s'est mise à contester cela.

« Bonne nuit, ma fille. C'est mieux ? Demanda la vierge.

"Un peu mieux. Ma mère, avec tout le respect que je dois, si j'avais le choix, je voudrais mourir tant que je suis bien préparée - a demandé la femme mourante.

"Ingrat ! Si mon Fils vous redonne la santé, vous en avez besoin. Si mon Fils s'est laissé toucher, c'est à cause de votre grande résignation et de votre patience. Ne perdez pas le fruit à cause de votre choix - Condamné l'immaculé.

"Vraiment désolé. Je ne connais pas vraiment les créations du père. J'accepte avec résignation de continuer la mission. La servante s'est rétrogradée.

"Je suis content que vous y ayez pensé." Je laisse ma paix et mon bonheur avec toi. Améliorations !

Cela dit, Mary s'est levée pour disparaître complètement. Une vague de satisfaction et de joie a rempli l'esprit d'Estela. Elle avait beaucoup à apprendre.

Quatrième apparition

16 février 1876

La pieuse Maryna a un peu amélioré sa santé depuis ses dernières apparitions. Le corps et l'esprit réagissaient petit à petit même face à une maladie très dangereuse. Qui est comme Dieu ? Pour lui, rien n'est impossible. Se sentant satisfait, ce vénérable serviteur a continué à recevoir la visite de la Bienheureuse Vierge Marie.

Dans la nuit du jour respectif, elle s'est assise près du lit et a repris contact.

« Ma Sainte Vierge, pourquoi m'as-tu écouté, pauvre pécheur ? Demanda Estela.

"Je vais t'expliquer." Ces quelques bonnes actions et quelques ferventes prières que vous m'avez consacrées ont touché le cœur de ma mère ; entre autres, cette petite lettre que vous m'avez écrite en septembre 1875. Ce qui m'a le plus touché, c'est cette phrase : voir la douleur de mes parents si je les manquais. Ils sont sur le point de mendier du pain. Souvenez-vous que vous avez également souffert lorsque Jésus votre Fils a été placé sur la croix. J'ai montré cette lettre à mon Fils - a révélé Marie.

"Et qu'est-ce qu'il a dit ? "Curieusement Estela."

"Cela vous guérirait." En retour, tu devrais publier ma gloire », a confirmé la mère de Dieu.

"Mais comment suis-je censé faire ça ?" Je ne suis pas un gros problème, je ne sais pas comment je pourrais faire ça - la servante de Mary était dans le doute.

"Je vais vous éclairer." Chaque chose à son moment. Reposez-vous maintenant, ma fille - Recommandé l'Éclairé.

"Droite. Merci encore - a remercié la jeune femme.

Instantanément, elle était de nouveau seule avec ses fantômes. L'avenir était magnifique et prometteur à ce stade.

Cinquième apparition

17 février 1876

C'était une nuit ordinaire comme les autres. Soudain, la silhouette de Mary apparut, s'approchant avec son sourire habituel.

"Je suis ici pour vous rappeler vos obligations puisque vous êtes un peu mieux", a déclaré Mary.

"Dès que je serai complètement améliorée, je promets de les accomplir toutes", lui assura la servante.

"Je suis content. Voulez-vous être mon fidèle dévot ? » Demanda Mary.

"Que devrais-je faire ? Demanda Estela.

« Si vous voulez me servir, soyez simple et laissez vos actions prouver vos paroles », dit le saint.

"Et si je déménage ailleurs ?" "Le dévot a interrogé."

« Où que vous soyez, quoi que vous fassiez, vous pouvez gagner des bénédictions et proclamer ma gloire », a déclaré Mary.

S'arrêtant, la mère de Dieu fut un peu attristée puis reprit :

« Ce qui m'attriste le plus, c'est de voir que les gens n'ont aucun respect pour mon fils dans l'Eucharistie et la façon dont les gens prient alors qu'ils pensent à autre chose. Je dis cela à ceux qui prétendent être pieux.

"Puis-je proclamer immédiatement votre gloire ?" - Estela a demandé.

"Ouais ! Oui, mais demandez d'abord à votre confesseur ce qu'il en pense. Vous rencontrerez des obstacles ; vous serez provoqué et les gens diront que vous êtes fou. Cependant, ne faites pas attention à eux. Soyez fidèle à moi et je vous aiderai - Dit la Vierge.

L'Immaculée a disparu comme de la fumée. S'ensuit une période d'excitation, de souffrance et de douleur pour le patient. À exactement 12h30, il se sentit mieux. Dans la soirée, son confesseur a révélé les apparitions. Suivant ses conseils, elle a assisté à la messe ultérieure où elle a été complètement guérie. Bénie soit notre sainte Mère !

Sixième apparition
1 juillet 1876

Estela a repris ses activités normales. En particulier, je me suis engagé à promouvoir le dévouement de notre dame comme une forme de gratitude pour sa guérison. Dans cette activité, il se sentait heureux, épanoui et d'une paix indescriptible.

Après le travail normal de la journée, cette servante était rassemblée dans sa chambre en prière. Vers dix heures du soir, la vierge parut entourée de lumière.

"Sois calme, ma fille, patience, ce sera difficile pour toi, mais je suis avec toi", assura l'Illuminé.

La servante dévouée était dans un tel état d'extase qu'elle était incapable de répondre. La mère de Dieu y est restée quelques instants et en disant au revoir a dit :

« Courage, je dois revenir.

S'élevant vers les cieux, Marie le bénit. La femme de chambre n'arrêtait pas de penser à tous les événements. Plus tard, il s'est rendu à la fatigue en s'endormant.

Septième apparition
2 juillet 1876

Les journées étaient très chargées pour ce gentil jeune homme. Même si elle était toujours occupée par ses tâches, elle n'arrêtait pas de penser aux apparitions et à ce qu'elles représentaient dans sa vie. Alors, il n'a pas attendu la nuit pour retrouver sa mère bien-aimée.

À 10h30, je me suis couché dans l'espoir de voir une autre vision paranormale. Pourtant, elle était si fatiguée qu'elle s'est endormie. Une heure plus tard, il s'est réveillé et a fait ses prières habituelles. C'est alors qu'il a de nouveau reçu la visite de la mère bénie de Dieu.

"Je suis satisfait de votre travail." Grâce à vous, de nombreux pêcheurs seront convertis à une nouvelle vie. Allez, mon fils a gagné plus d'âmes qui se sont vouées à lui plus profondément. Son cœur est si plein d'amour pour mon cœur, qu'il ne pourra jamais rien me refuser. Pour moi, cela touchera et adoucira les cœurs les plus durs », a confié la Vierge Marie.

"Je vous demande un signe." Ma bonne mère, je vous en prie, pour votre gloire », demanda le serviteur.

"Et votre guérison n'est-elle pas une grande preuve de mon pouvoir ?" Je suis venue spécialement pour sauver les pécheurs », a dit Mary.

"Oui, c'est vrai, ma mère", approuva le dévot.

« À propos des miracles, que les gens voient cela », a conclu Mary.

Cela dit, l'illuminé a disparu sans autre explication. Le travail d'aujourd'hui était terminé. Épuisé, le serviteur de Dieu se rendormit.

Huitième apparition

3 juillet 1876

La femme de chambre de Marie réfléchissait dans sa chambre lorsqu'elle reçut à nouveau la visite de la reine des cieux. Cette fois, elle était aussi belle que les autres fois.

« Je veux que tu sois plus calme, plus paisible, je n'ai pas dit quel jour ou quelle heure je reviendrai, mais tu as besoin de te reposer », le gronda la Vierge.

Avant que la servante de Marie ne puisse répondre et montrer ce qu'elle ressentait vraiment avant la grande mission présentée, la vierge lui sourit et conclut :

"Je suis venu pour mettre fin à la fête."

La vision s'est alors évaporée. Chacune de ces visions créait une sorte de film intéressant pour toute la communauté catholique. Ce fut un honneur pour cette jeune fille d'être le protagoniste de toutes ces révélations. Il continuerait donc son travail.

Neuvième apparition

9 septembre 1876

Notre amie bien-aimée, servante, priait le chapelet dans sa chambre quand elle a revu la vision. Notre dame est apparue dans la figure d'une belle femme. En regardant autour de vous, l'apparition a trouvé :

« Vous m'avez privé de ma visite le 15 août parce que vous n'étiez pas assez calme. Vous avez un vrai caractère français : ils veulent tout savoir avant d'apprendre et tout comprendre avant de le savoir. J'aurais pu rentrer, vous m'avez privé de ma visite parce que j'attendais un acte de soumission et d'obéissance de votre part.

"Je ne me sentais pas prêt." Mieux vaut tard que jamais, n'est-ce pas ? Demanda le serviteur.

"Oui tu as raison. Continuez à prendre soin de mes moutons », a recommandé la Vierge.

Cela dit, il leva les yeux vers le ciel et disparut instantanément. Son vénérable dévot était heureux de cette rencontre après si longtemps.

Dixième apparition
10 septembre 1876

Ce jour-là, la mère de Dieu est apparue à Sainte Estela à peu près à la même heure l'autre jour. Il n'y a eu que quelques instants où elle est restée dans la pièce pour dire :

« Ils doivent prier. Je vais vous donner un exemple.

Dans l'instant suivant, elle a joint ses mains et a fait un signe d'adieu. Puis la bonne est allée se reposer de ses longs travaux tout au long de la journée. Cependant, elle était satisfaite des résultats de ses efforts.

Onzième apparition
15 septembre 1876

Ce fut cinq longs jours lorsque le voyant était à une retraite spirituelle interne. Conciliant travail et vie religieuse, la jeune femme se sentait pleinement épanouie dans ses desseins. Mais il semblait qu'il y avait un blocage dans sa vie. C'est à cause de cela que la Vierge lui est apparue de nouveau.

Comme toujours, il a eu la vision dans un moment de réflexion et de prière dans sa chambre. Pleinement éclairée, Marie montra un visage triste et inquiet au serviteur.

"Bonne nuit, madame, comme vous êtes gentille de venir." Je pensais à tous les faits de ma vie. J'ai conclu que j'ai vécu une nuit noire perverse qui me persécute jusqu'à aujourd'hui - Estela a vérifié.

"Vous devez vous en remettre." Il est vrai qu'il a commis de nombreuses erreurs. Mais sa lettre et ses regrets ont rendu un miracle possible. C'est maintenant à vous de continuer votre vie avec plus d'optimisme - a déclaré Mary.

"J'espère le faire." Qu'en est-il des fidèles du pays ? Demanda le serviteur.

"Je ne peux plus arrêter mon fils." J'ai déjà mis tous mes efforts à portée de main », a souligné l'Immaculée.

"Que va-t-il se passer alors ?" "Fait intéressant, la femme de chambre."

"La France va souffrir", a annoncé la belle femme.

"C'est triste !" Elle observa la jeune femme.

"Ayez du courage et de la confiance." Il a soutenu l'apparition.

« Si je disais ça, peut-être que personne ne me croira », pensa le médium.

"Je dis à l'avance, tant pis pour ceux qui ne croient pas, ils reconnaîtront la vérité de mes paroles plus tard", a annoncé Mary.

Cela dit, la mère de Dieu a disparu, laissant son confident encore plus étonné par ces faits. Ce fut vraiment un honneur de participer à ces moments importants. Je continuerais donc la mission.

Douzième apparition

1 novembre 1876

C'était le jour de tous les saints. Cela faisait longtemps depuis la dernière apparition, ce qui rendait notre cher ami un peu triste et ennuyé. L'expérience des visions était si intense et bonne qu'elle a toujours voulu la répéter et c'est ce qui s'est passé ce jour-là.

Apparaissant de façon ordinaire, les bras tendus et portant le scapulaire, la mère de Dieu regarda autour d'elle et regarda vers l'horizon avec un soupir. Puis il sourit largement, lançant au serviteur un regard de gentillesse. Puis il a disparu sans explication. C'était assez pour remplir la journée de bonheur de cette douce jeune femme.

Treizième apparition

5 novembre 1876

Estela venait juste de finir de prier le chapelet quand elle a vu la Sainte Vierge.

"Oh, madame." Je me sens indigne de la mission que vous m'avez proposée parce qu'il y a tellement de gens plus qualifiés que moi pour proclamer votre gloire - pensa le serviteur.

"Je vous ai choisis. J'ai choisi la douceur et la douceur pour ma gloire. Soyez courageuse, votre tâche est sur le point de commencer - dit la belle dame en souriant.

Ensuite, la Sainte Vierge croisa les mains et disparut dans l'immensité de la nuit.

Quatorzième apparition
11 novembre 1876

Pendant quelques jours, cette servante spéciale de Notre-Dame s'est engagée à plusieurs reprises dans des prières cherchant l'inspiration et l'aide du ciel pour résoudre ses doutes les plus critiques. À un moment donné, elle a crié la phrase suivante :

« Souvenez-vous de moi, Très Sainte Vierge Marie.

Immédiatement, la belle dame est apparue avec un beau sourire.

« Vous n'avez pas perdu votre temps aujourd'hui, vous avez travaillé pour moi », a-t-il dit.

"Tu veux dire le scapulaire que j'ai fait ?" Demanda la fille.

"Ouais. Mon souhait est que vous en fassiez beaucoup », a confirmé Mary.

Un silence troublant se tenait entre les deux. L'expression de la vierge a soudainement changé de joie en tristesse. Il a conclu en recommandant :

"Courage !

Manipulant le scapulaire et croisant les mains, son esprit disparut. Désormais, sa bien-aimée dévouée serait laissée seule avec ses devoirs.

Dernière apparition
8 décembre 1876

Cela faisait presque un mois que la vierge bien-aimée était apparue à son serviteur dévoué. Ce fait la rendit angoissée et réfléchie. Elle a continué à y penser à la messe à laquelle elle a assisté. En rentrant chez elle et en restant dans l'intimité de sa chambre, elle est apparue glorieusement pour ce qui serait la dernière fois.

"Ma fille, tu te souviens de mes paroles ?" Demanda la vierge.

Soudain, les mots les plus importants de la vierge sont venus au premier plan, en particulier sur la dévotion du scapulaire et d'autres secrets.

"Oui, je m'en souviens parfaitement, ma mère", confirma le serviteur.

"Répétez ces mots plusieurs fois. Ils vous aideront lors de vos épreuves et tribulations. Vous ne me verrez plus », a déclaré Mary.

« Que dois-je devenir, très sainte mère ? « Le dévot était désespéré.

« Je serai avec toi, mais invisible », la réconforta-t-il.

"J'ai vu des rangées de personnes se pousser contre moi et me menacer, cela m'a rendu pétrifiée", a déclaré Estela.

"Vous n'avez pas besoin d'avoir peur d'eux, je vous ai choisi pour annoncer ma gloire et répandre cette dévotion", a déclaré Notre-Dame.

Mary tenait le scapulaire dans ses mains. L'image était si encourageante que le serviteur eut une idée.

« Ma mère bien-aimée, pourriez-vous s'il vous plaît me donner ce scapulaire ?

"Viens et embrasse-le," consentit Mary.

En approchant, la bonne eut le plaisir de toucher et d'embrasser la relique sacrée qui devint le moment le plus important de sa vie. La conversation a continué.

« Vous-même, allez chez Prelaat et présentez-lui le modèle que vous avez réalisé et dites-lui que s'il vous aide, cela me plaît plus que de voir mes enfants s'en servir pendant qu'ils s'éloignent de tout ce qui insulte mon peuple, tandis que mon fils reçoit le sacrement de son amour et fait tout son possible pour réparer les dégâts déjà causés. Voyez les grâces que je dois accorder à tous ceux qui ont l'habitude d'avoir confiance en moi et en même temps de répandre cette dévotion - Marie a parlé.

Tendant les mains, la sainte fit tomber une pluie abondante. Elle a continué :

« Les grâces que mon fils vous accorde sont : Santé, confiance, respect, amour, sainteté et toutes les autres grâces qui existent. Il me refuse quoi que ce soit.

"Maman, que dois-je mettre de l'autre côté du scapulaire ?"

« J'ai ce côté réservé pour moi », répondit la mère de Jésus.

Le ton était au revoir. Une tristesse envahit l'environnement sachant que c'était le dernier contact sur terre entre les deux.

"Courage, s'il ne fait pas ce qu'il veut, va plus haut." N'ai pas peur. Je t'aiderai », recommanda Mary.

Alors qu'il se promenait dans la pièce, son esprit a volé et a disparu à travers les fissures de la pièce. Cette séquence d'apparitions était terminée. Béni soit notre mère !

Notre-Dame de Knock

Irlande

21 août 1879

Knock était un petit village avec une dizaine de maisons. L'apparition eut lieu par une nuit orageuse et froide : exactement sur le mur du fond de la chapelle apparurent trois personnes magnifiques et un autel. Deux cents personnes se trouvaient maintenant sur les lieux et pouvaient témoigner que Marie, Joseph et St. Jean l'Évangéliste était là. Les visions ont été répétées à d'autres occasions et en raison de la survenue de miracles liés au fait, elles ont été prises pour acquises par l'Église catholique.

Apparitions en Chine

Notre-Dame de Dong-Lu

1900

La Chine a toujours été une étape de résistance à l'expansion du christianisme. Cependant, Notre-Dame cherche toujours la conversion de ses enfants. Un événement miraculeux a eu lieu en juin 1900. À l'époque, des persécuteurs chrétiens ont encerclé la ville natale de Dong Lu sur le point d'exterminer les résistants. C'est alors que l'Immaculée est apparue entourée d'anges. Cela suffisait à terrifier les adversaires et à les faire se précipiter.

Sauvés du danger, les habitants ont construit un temple en l'honneur de Marie pour les remercier. Ensuite, le sanctuaire a été reconnu comme centre de pèlerinage officiel, une fête a été donnée en l'honneur de Notre-Dame et enfin, la consécration du pays au sein de la Vierge Mère.

Le régime communiste chinois a été le principal antagoniste de la croissance du christianisme dans la région. Se sentant menacé, ledit gouvernement a rassemblé une troupe de cinq mille soldats en plus de dizaines de voitures blindées et d'hélicoptères attaquant le sanctuaire marial. L'action a abouti à la confiscation de la statue de la Vierge Marie et à l'arrestation de nombreux prêtres.

Considéré comme une religion illégale, le christianisme est continuellement persécuté en Chine. Les chrétiens de la région ont tendance à pratiquer la religiosité de manière secrète pour éviter les représailles. Pourtant, nombre d'entre eux ont disparu ou ont été arrêtés. C'est la vraie bataille du bien contre le mal.

Une chose qui a attristé le peuple catholique du monde a été lorsque les communistes ont détruit l'église Dong-Lu pendant les Jeux olympiques de Pékin. Cependant, l'image de Notre-Dame de Chine a été laissée intacte car elle n'a pas été trouvée par les anti-chrétiens.

Notre-Dame est également reine de Chine. Même si Satan continue sa persécution, il n'y aura pas de pénurie de catholiques dans ce qui est le pays le plus peuplé du monde. Preuve en est les innombrables apparitions rapportées à Dong-Lu. Prions pour tous nos frères et sœurs de foi chinois.

Notre-Dame de Qing Yang
1900

Il y avait une paysanne de cette région qui était très malade. Elle est allée voir tous les médecins qu'elle connaissait. Cependant, aucun traitement recommandé n'a eu d'effet.

Une fois, il se promenait dans la campagne quand une belle dame vêtue d'une longue robe blanche et d'une ceinture bleue est apparue sur le chemin.

"Ramassez l'herbe de cette zone. Préparez du thé et buvez. Je promets votre guérison bientôt.

"D'accord Madame." Je ferai ce que vous demandez.

La paysanne obéit à l'ordre donné en ramassant des herbes à partir de là. De retour à la maison, il a bu du thé. Comme promis, il s'est amélioré en peu de temps. Elle n'a découvert de qui était cette belle apparition que lorsqu'elle a vu la même image représentée dans la maison d'un catholique. En cela, les nouvelles se sont répandues dans toute la région et dans tout le pays.

En raison des circonstances, le diocèse a repris l'achat du terrain sur lequel le saint était apparu, en construisant successivement une chapelle et plus tard une église. Au fil du temps, le pèlerinage vers le lieu n'a fait qu'augmenter et se consolider comme l'un des temples mariaux les plus importants au monde.

Notre-Dame de Sheshan
Shanghai-Chine-1900

Shanghai est située sur la côte est de la Chine. En raison de sa position stratégique, à côté de la vallée du fleuve Yangzi, il est devenu la porte d'entrée des missionnaires catholiques dans le but d'évangéliser la Chine. Dès leur installation dans le pays, ils construisent un sanctuaire dédié à Notre-Dame de Sheshan à l'ouest de la ville. À côté, une maison de retraite a également été construite pour loger les jésuites à la retraite.

La grande réussite de Notre-Dame dans la région a été qu'elle a sauvé le diocèse de l'attaque promue par la rébellion de Taiping. En guise de remerciement, les chrétiens locaux ont érigé une basilique en l'honneur de la mère de Dieu, faisant d'elle la protectrice spéciale du diocèse de Shanghai.

Avec la tenue de la première conférence épiscopale, l'image de Shanghai a été adoptée en tant que Notre-Dame Reine de Chine. En raison de la Révolution culturelle, l'image originale de Notre-Dame a été détruite et une autre image a été remplacée en avril 2000. Une copie de cette statue a été remise au pape Benoît XVI et nommée « Notre-Dame de Sheshan ». C'est l'un des centres mariaux les plus importants du pays où le saint écrase vraiment la tête du serpent, ce qui représente la victoire du bien sur le mal.

FINIR

www.ingramcontent.com/pod-product-compliance
Lightning Source LLC
LaVergne TN
LVHW020447080526
838202LV00055B/5368